Sun Tzu
Wu Tzu
Die Kunst des Krieges

Impressum
Titel: Die Kunst des Krieges
Autoren: Sun Tzu, Wu Tzu
Herstellung und Verlag: BoD- Books on Demad, Norderstedt
ISBN: 9783750416437
Erscheinungsdatum: 7.11.2019

Landesfürst
Kaiser Han Hsien-ti, 189-200 n. Chr.

EINLEITENDE GELEITWORTE.

Ein Buch, das 2500 Jahre lang einen Platz bei einer großen Nation als Musterwerk über die Kriegskunst behauptet hat, muß in der Tat ein Werk ganz eigenartiger Natur sein. Fast klingt es wie ein Märchen! „Das Buch vom Kriege", dessen Verfasser die berühmten chinesischen Generäle Suntzu und Wutzu sind, darf aber auf diese hohe Ehre Anspruch erheben.

Das Werk stammt aus dem 5. Jahrhundert v. Chr. Es ist heute noch das berühmteste Buch, das die chinesische Literatur über den Krieg und die Kriegsführung aufweisen kann. Trotzdem seit den letzten Jahrzehnten viele unserer besten Werke, die das Militärwesen behandeln, ins Chinesische übersetzt worden sind, haben diese beiden alten Meister es doch vermocht, ihr Feld als Klassiker zu behaupten.

Diese eigenartige Tatsache erklärt sich zunächst daraus, daß ihre Schriften vornehmlich die fundamentalen Grundsätze des Krieges und der Kriegsführung behandeln, ferner welchen Einfluß die Politik und die menschliche Natur im allgemeinen auf militärische Operationen ausüben können. Da ist es denn von hohem Interesse, zu finden, wie unveränderlich im großen und ganzen die Grundsätze und Operationen der Kriegsführung sind.

Zur Zeit als dieses Werk geschrieben wurde, war China ein Konglomerat von Fürstentümern, die in beständiger Fehde miteinander lebten. Persönlicher Ehrgeiz und Intrigen, nicht aber die Wünsche des Volkes, waren die Hauptfaktoren in diesen Kriegen. Man konnte sich nicht darauf verlassen, daß Patriotismus oder sonst irgendeine volkstümliche Bewegung die Moral unter den Truppen aufrecht erhalten würde.

General Suntzu spricht nun in seinem Werke die Ansicht aus, daß die Moral oder der Geist der Truppen ein ganz entscheidender Faktor im Kriege ist. Man darf, so behauptet er, den Feind nie verzweifelt machen, — er sollte demnach nie ganz umzingelt werden. Ein Schlupfloch zur Flucht schwächt die Entschlossenheit des feindlichen Generals und das Selbstvertrauen seiner Truppen ganz auffallend.

Echt charakteristisch bei einer chinesischen Armee war bekanntlich die große Anzahl von Bannerträgern. Ihr Hauptzweck sollte darin bestehen, unter den Truppen den Geist aufrecht zu erhalten. Ein Wald von mächtigen Flaggen, die lustig im Winde flatterten, gab den Truppen ein gewisses Gefühl von Sicherheit, — er heiterte sie auf, ähnlich wie eine Militärkapelle.

Man muß es wohl auf die Tatsache zurückführen, daß der Kriegerberuf in China nie hoch geschätzt wurde, daß der Landesfürst nur selten mit in den Krieg zog. Zumeist stellte er einen Berufsmäßigen an, der dann das Heer befehligte, vielfach einen jener „Meister der Kriegskunst", die von einem Staate zum andern zogen und vorgaben, das Geheimnis des Sieges demjenigen anvertrauen zu können, der ihnen die größte Summe als Belohnung für ihre Dienste anbieten würde.

Da jedoch Krieg Verheerung und Verwüstung heißt, so war es von ganz wesentlicher Wichtigkeit, daß die militärischen Operationen im Feindeslande ausgeführt wurden. Ist man aber einmal dort eingedrungen, dann wird eine strenge Offensive durchaus nicht für geboten gehalten. In Verbindung hiermit gibt Suntzu folgenden Mat: „Betrage dich anfangs mit der Bescheidenheit eines jungen Mädchens." Dann sollte man den Feind dazu bewegen, die Initiative zu ergreifen. Haben ihn Märsche ermüdet oder macht er einen falschen Zug, so sagt Suntzu „dann wirf dich auf ihn mit der Lebhaftigkeit eines Kaninchens".

Sowohl Suntzu wie Wutzu sind der Ansicht, daß eine defensiv-offensive Haltung die ratsamste ist. Der General sollte sich auf die eigentliche Schlacht nicht eher einlassen, bis der Feind nicht länger imstande ist, einen erfolgreichen Widerstand zu leisten. Man sollte sich aber vor einer passiven Defensive hüten.

Was nun die Taktik auf dem Schlachtfelde selbst anbetrifft, so ist eine ordentliche Feldschlacht — mit andern Worten ein Frontangriff — ein Vorgehen, das einem tüchtigen General keine große Ehre macht. Allgemein gesprochen, sollte der Plan des Angriffs dahin gehen, das Heer in zwei Teile zu teilen. Während der Feind also von der einen Abteilung in die Schlacht hineingezogen wird, schlägt ihn die andere. Die Reservetruppen sollen demnach die Schlacht entscheiden. Diese Anweisung ist ein ausfallendes Beispiel dafür, daß sich die militärischen Grundsätze während der letzten zweitausend Jahre im allgemeinen nicht geändert haben.

Obwohl Suntzu sowohl wie Wutzu berufsmäßige Soldaten waren, weisen doch beide darauf hin, daß selbst ein erfolgreicher Krieg ein nationales Unglück ist. Wutzu bemerkt hierzu: »Es gibt nur wenige, die durch viele Siege zur Macht auf Erden gelangt sind. Auch sollte man sich nie auf einen Krieg einlassen, bis ein sorgfältiger Vergleich der auf beiden Seiten stehenden

Truppen einem zeigt, daß der Sieg einem ganz sicher ist."

Große Wichtigkeit wird auf das Spionenwesen gelegt. Hochgeehrt von seinen Landsleuten stand der Spion da. Die Tatsache, daß viele der Nationalhelden Chinas Spione gewesen sind, beweist, daß die Rolle, die sie spielten, nicht vergessen wurde. Häufig arbeiteten sie jahrelang schwer, um sich im Dienste des Landesfürsten zu einem hohen Range emporzuschwingen. Die richtige Behandlung eines Spions gehörte zu den schwierigsten Aufgaben eines Generals.

In früherer Zeit, — bis zur Eröffnung Japans für den Fremdenhandel, also 1860/61, — standen Suntzu und Wutzu dort in ebenso großer, wenn nicht gar noch größerer Achtung als in China. Denn in diesem Lande wird der Krieg für eine lästige und unergiebige Phase im nationalen Leben angesehen, — der Sieg in einem Kriege gilt dort nicht für die größte Heldentat eines Staates.

Ganz anders in Japan. Viele, viele Generationen seiner Soldaten sind nach den Ratschlägen Suntzu's und Wutzu's in den Kampf geschickt worden. Ein kleines „Heer" von Erklärern hat das Werk nach allen Seiten hin besprochen. Natürlich hat es seither den wissenschaftlichen Werken europäischer Schriftsteller Platz machen müssen.

Trotz alledem dürften die Ratschläge, die diese beiden Autoren in ihrem Buche geben, nicht ganz ohne Einfluß selbst bei den beiden letzten Kriegen, die Japan geführt hat, gewesen sein. Die Japaner lieferten jedenfalls den Beweis für ihre Worte: „Es ist die von der Verzweiflung getragene Energie, die stets den Sieg davonträgt."

Über das Leben der beiden Generäle ist nur wenig bekannt. Patrioten darf man sie eigentlich nicht nennen: sie waren die reinen berufsmäßigen Strategen, die fast beständig ihre Dienste wechselten, — bald waren sie in diesem, bald in jenem Staate angestellt.

Während Suntzu als ein recht achtenswerter Charakter geschildert wird, heißt es von Wutzu, daß er ein moralisch niedriger Mensch war. In der Literatur Chinas steht aber auch heute noch das Autorenpaar Suntzu und Wutzu als bewundernswerte Strategen da.

Cha-mo-to, Fürst der Man Barbaren

SUNTZU'S AUFZEICHNUNGEN.

1. Einleitende Gedanken. 2. Kriegsoperationen. 3. Angriff mittels Kriegslist. 4. Die Schlachtordnung. 5. Der Geist der Truppen. 6. Schwäche und Stärke. 7. Schlachtentaktik. 8. Truppenbewegungen. 9. Terrain. 10. Krieg im Nachbarslande. 11. Angriff mittels Feuer. 12. Die Verwendung von Spionen.

I. EINLEITENDE GEDANKEN.

Für alle Nationen ist der Krieg eine Angelegenheit von allerhöchster Wichtigkeit. Von dem Heere hängen Leben und Tod ab; das Bestehen oder der Untergang eines Staates sind ihm unterworfen. Man sollte deshalb diese Sache auf das sorgsamste studieren.

Außer der Kriegslist und der richtigen Auffassung der Lage kennt man im Kriege noch den sogenannten „Weg". Man versteht hierunter die Tugenden: Menschlichkeit, Anstand, Rechtschaffenheit, Klugheit, Pflichtgefühl, Aufrichtigkeit, Edelsinn, Selbstbeherrschung. Ist der Landesfürst ein Mensch, der den „Weg" übt, so wird auch das Volk zusammenhalten und Gefahren nicht fürchten. So stehen denn dem Herrscher die Dienste seiner Untertanen stets zur Verfügung. Bei allem Wohlwollen darf er aber nicht unterlassen, streng nach den Gesetzen zu handeln.

Es ist von höchster Wichtigkeit, daß ein Landesfürst stets den Zustand ihm feindlich gesinnter Nachbarstaaten mit dem eigenen vergleiche. Aber auch der General muß beständig tätig sein, er muß versuchen, natürliche Vorteile auszunutzen, und zwar schon in Friedenszeiten. Hierzu gehören die Disziplin im Heere, die Belehrung und Übung der Truppen, dann muß aber auch, sowohl was die Belohnungen wie die Strafen anbetrifft, Gerechtigkeit walten.

Der Krieg ist eine Handlung des Vorlandes und Scheingrundes, eine Maske und ein Winkelzug. Sind wir also in der Lage, tätig einzugreifen, dann sollten wir Unvermögen vorgeben. In Feindesnähe spiegeln wir vor, entfernt zu sein, während wir in weiter Entfernung Nähe vorgeben.

Versuche stets den Feind auf eine falsche Spur zu bringen, selbst dann, wenn du hierdurch einen kleinen Vorteil einbüßen solltest. Mache den Gegner wirr, und dann greife ihn an. Gib vor, große Kräfte zu besitzen, mache ihn in seinen Plänen irre und bringe ihn so aus der Fassung. Spiegle ihm vor, der Schwächere zu sein, und veranlasse ihn, dich heimlich zu verachten. Ist der Feind sehr stark, dann ermüde ihn. Herrscht in seinem Lager große Einigkeit, dann versuche, dort eine Spaltung hervorzurufen. Greife schwache Punkte an und erscheine an unerwarteten Plätzen.

II. KRIEGSOPERATIONEN.

Ein Feldzug erfordert gar manches. Operiert das Heer in weiter Entfernung von den Grenzen seines Landes, dann macht die Verproviantierung häufig große Schwierigkeiten; das Kriegsmaterial muß auch ergänzt werden, — hiermit sind also große Kosten verbunden.

Währt der Krieg lange, so geht dem Lande häufig das Geld aus, um ihn weiterzuführen. Sind dann die Soldaten von den vielen Anstrengungen erschöpft, und ist der Kriegsmut erschlafft, sind die Waffen abgenutzt und die' Gelder zur Kriegführung nicht weiter zu beschaffen, dann nehmen die Nachbarstaaten häufig diese verzweifelte Lage wahr, — sie fallen über den unglücklichen Staat her.

Selbst der geschickteste General hat noch nie etwas gewonnen, indem er die Operationen in die Länge zog. In der Tat hat es nie ein Land gegeben, das durch einen langen Krieg einen Vorteil gehabt hätte. Man muß die Nebel und Nachteile, die ein Krieg im Gefolge hat, kennen, um zu wissen, daß man aus demselben keinen Nutzen ziehen kann. Ein langer Krieg macht auch die Bürger arm.

Der kluge General versucht demnach, sich dem Feinde sobald als möglich zu nähern. Die Soldaten müssen angespornt werden, den Feind zu schlagen. Wer ihm einen Vorteil abgewinnen kann, den sollte man reichlich belohnen. Die Kriegsgefangenen müssen auch gut behandelt werden.

Zweck des Krieges ist, als Sieger hervorzugehen. Nur keine in die Länge gezogene Operation, selbst wenn man sie recht geschickt führen sollte. Ein guter General ist Herr und Meister über das Leben einer Nation, — er ist der Wächter des Wohlergehens des ganzen Landes.

Bogenschießer zu Pferde, über die Mähne

III. ANGRIFF MITTELS KRIEGSLIST.

Den Gesetzen des Krieges zufolge sollte man stets versuchen, ein Land sozusagen ganz unbemerkt zu erobern. Es mittels Schwert und Feuer zu besiegen, ist durchaus nicht immer ratsam. Viel besser ist es, die feindliche Armee[1] ohne Schwertstreich gefangen zu nehmen, als sie nach einem hartnäckigen Widerstande zu schlagen. Die höchste Kriegskunst besteht also darin, den Feind ohne Kampf schadlos zu machen.

Der geschickteste Heerführer überlistet demnach den Feind durch musterhafte Kriegslist. Zunächst verdient macht sich derjenige, der den Gegner daran verhindert, seine Streitkräfte zu vereinigen. Dann kommt der, der den Angriff auf die feindliche Armee ausführt. Eine Festung zu belagern ist wohl der schlechteste Ausweg.

Nimm nie eine Belagerung in Angriff, falls du ihr aus dem Wege gehen kannst. Die Vorbereitungen allein nehmen schon viel Zeit in Anspruch. Die weitere Folge ist, daß der General die Fassung verliert, seine Geduld wird erschöpft, und von seinen Soldaten verlieren viele während der Vorbereitungen das Leben durch den Feind. Solche und ähnliche Mißstände sind mit Belagerungen verbunden.

Die Kunst des Heerführers besteht also darin, die feindliche Armee ohne jeden Schwertstreich kampfunfähig zu machen. Festungen nimmt er

---

1   Das chinesische Armeekorps war damals 12500 Mann stark. Geteilt war es in Abteilungen von 500 Mann („tu"); aus diesen wurden wieder je 50 Mann starke Rotten („itsu") gebildet.

beispielsweise ein, ohne sie zu belagern, ohne lange Kämpfe macht er sich zum Herrn des Landes. Hierin besteht der Angriff mittels Kriegslist.

Zu den Regeln des Krieges gehören folgende: Bist du fünfmal so stark als der Feind, dann umzingle ihn; bist du dreimal so stark, dann greife ihn an; sind die Kräfte gleich stark, dann setze alles daran und kämpfe. Bist du schwächer, dann manövriere und warte die Gelegenheit ab. Bist du aber ganz entschieden der Schwächere, dann gib dem Feinde keine Gelegenheit, sich mit dir in einen Kampf einzulassen.

Der Krieger ist die starke Stütze des Landes. Ist dieser eisern, dann ist das Land auch notwendigerweise stark. Reichen die Streitkräfte aber nicht aus, dann ist das Land auch schwach.

In vielen Fällen kann man mit ziemlicher Bestimmtheit Voraussagen, auf welcher Seite der Sieg zu verzeichnen sein wird. Um siegreich hervorzugehen, muß der General zunächst wissen, wann es an der Zeit ist, zu kämpfen. Er muß auch wissen, wann kleine oder große Truppenteile ins Feld zu schicken sind. Ein großer Kunstgriff besteht jedoch darin, in den Kampf zu gehen, wenn der Feind völlig sorglos ist und einen Angriff auf keinen Fall erwartet.

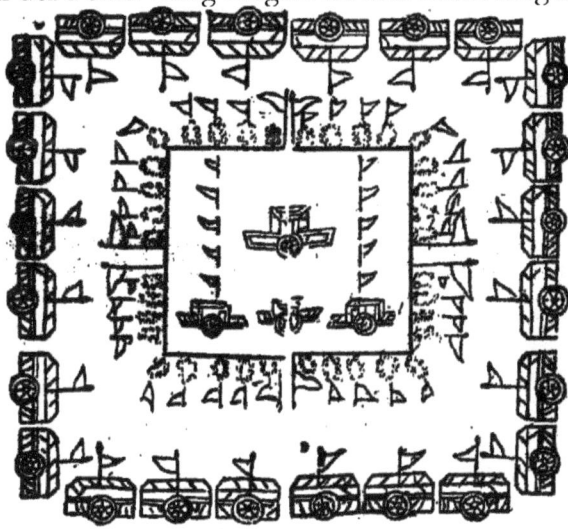

Wagenlager

IV. DIE SCHLACHTORDNUNG.

Den Feind anzugreifen, ehe man bestimmt weiß, daß man ihn schlagen kann, ist nicht ratsam. Sind aber die Soldaten tüchtig, dann braucht man auch gewiß nicht zu fürchten, geschlagen zu werden, — der Feind steht hoffnungslos da.

Nun kommt es allerdings vor, daß alle für einen Sieg nötigen Vorbedingungen vorhanden sind, doch kann man sie sich nicht zunutze machen. Erscheint ein Sieg für ausgeschlossen, dann ergreife die Defensive; ist Sieg aber gewiß, dann benutze die Offensive. Ein Sieg, mag ihn die Bevölkerung auch für einen solchen halten, braucht deshalb noch lange kein wahrer Erfolg zu sein.

Wie wir bereits wissen, gewinnt der wirklich tüchtige Krieger die Schlacht ohne verzweifelte Angriffe, — natürlich unter der Leitung eines klugen Generals. Kämpft dieser überhaupt, so heißt dies schon „Sieg"; denn nur dann greift er an, wenn der Gegner die Saat seiner eigenen Niederlage gesät hat.

Zuerst sich also des Sieges vergewissern, dann angreifen. Die zur Niederlage bestimmte Armee schlägt sich ebenfalls, aber im Vertrauen, daß eine unvorhergesehene günstige Gelegenheit ihren Waffen möglicherweise den Sieg zuführen wird. Das siegreiche Heer gleicht dann einem Balken, den man gegen eine Feder auf die Waagschale legt. Den Angriff desselben könnte man mit lange Zeit zurückgestauten Wassermassen vergleichen, die plötzlich durchbrechen und sich in Täler ergießen.

Schild, Helm und Horn

V. DER GEIST DER TRUPPEN.

Die Leitung großer Truppenmassen bereitet nicht viel größere Schwierigkeiten als die kleinerer, angenommen, man teilt jene in kleinere Abteilungen. Mittels Trommel, Glocke und Flagge[2] ist es möglich, selbst bedeutende Truppenkörper zu lenken. — Indem man geschickt abwechselnd regelmäßige und unregelmäßige Manöver ausführt, wird die Armee vor einer Niederlage geschützt. Kennt man die starken und die schwachen Seiten des Gegners, wendet man ferner List und Kunstgriffe an, so wird der Feind zermalmt wie ein Ei, auf das man einen Mühlenstein fallen läßt.

Kommt es nun zur Schlacht, so greift man den Gegner mit der „normalen" Streitkraft an, schlägt ihn aber mit der „abnormalen". Handhabt man die abnormalen Truppen in geschickter Weise, so sind sie endlosen Wechsels fähig. Ihr Wechsel gleicht dem Rade, das weder Anfang noch Ende hat.

Der Geist der Truppen gleicht dann dem rasenden Sturze eines Bergstromes, der Felsen mit sich fortreißt. Die Kämpfer erregen Schrecken. In dem Tumult und Wirrwarr der Schlacht kennt man aber keine Verwirrung. Ja, selbst dann, wenn der Kampf am wildesten rast, ist die Schlachtordnung doch undurchdringlich.

---

2   Die Trommel war das Zeichen zum Sammeln und Vorwärtsrücken, die Glocke das zum Haltmachen.

Feldherr Tien-Wei schwingt zwei Leichen als Keulen

Ist die Disziplin im Heere vollkommen, dann darf man Mangel und Ordnung vorgeben. Sind die Truppen aber tollkühn und furchtlos, bist du wirklich stark, dann verstelle dich, als wärest du schwach. Wir zwingen aber den Feind, sich beweglich zu halten, indem wir verschiedene Stellungen aufnehmen, nach denen er sich dann richten muß.

Bieten wir dem Gegner einen vorteilhaften Punkt, dann wird er gewiß auch davon Gebrauch machen. Hast du ihn aber erst einmal in Bewegung gesetzt, dann überfalle und schlage ihn. Ein tüchtiger Heerführer vertraut bei einem Angriffe vielfach dem Geiste, der die Truppen beherrscht, — er verläßt sich nicht allein auf ihre Tüchtigkeit. Sieht er, daß ihm irgendwo ein Vorteil geboten wird, dann nutzt er ihn auch bis zum äußersten aus. Ist der General tüchtig und bei seinen Leuten beliebt, so kann man den Geist, der die Truppen beherrscht, mit einem riesigen runden Steine vergleichen, der vom Gipfel eines Berges mit rasender Wucht in das Tal hinabrollt.

Wei-Yen

VI. SCHWÄCHE UND STÄRKE.

Der erste auf dem Schlachtfelde zu sein und dort den Feind zu erwarten, heißt die Kräfte aufsparen. Ist man jedoch in Eile, um den Gegner zu treffen, so ist dies erschöpfend. Der kluge Heerführer achtet darauf und versucht alles, um den Feind dazu zu bewegen, sich ihm zu nähern. Auf keinen Fall läßt er sich von ihm täuschen. Indem er ihm einen scheinbaren Vorteil anbietet, zwingt er den Gegner, eine Stellung aufzunehmen, die seine Niederlage voraussichtlich zur Folge haben wird.

Ruht sich der Feind in bequemen Quartieren aus, dann beunruhige ihn. Erscheine also dort, wo sich der Gegner nicht befindet, — greife ihn an unerwarteten Punkten an. Hat er Nahrungsmittel in Hülle und Fülle, so mußt du versuchen, seine Proviantzufuhr abzuschneiden.

Der zum Angriff außersehene Punkt sollte ganz geheim gehalten werden. Weiß der Feind nicht, wo man ihn angreifen wird, so muß er nach allen Himmelsrichtungen hin darauf vorbereitet sein, — er ist dann also überall schwach. Sitzt der Gegner hinter tiefen Gräben und starken Mauern, dann greife solche Stellen an, die ihn zwingen, aus seinem Versteck herauszukommen.

Ist eine Schlacht nicht beabsichtigt, dann nimm eine unbefestigte Linie ein, — der Feind wird es nicht wagen, anzugreifen, weil du ihn über deine Absichten im Zweifel läßt. So wird bewirkt, daß du dich vereinigst, der Gegner teilt sich aber.

Stärkt der Feind seine Front, dann muß er seinen Rücken schwächen.

Kräftigt er den rechten Flügel, so schwächt er den linken, und umgekehrt. Überall Vorbereitungen zu treffen, heißt überall schwach sein, — die weitläufigen Vorbereitungen schwächen ihn, du aber gewinnst dadurch an Stärke.

Ist der Feind sehr stark, dann hindere ihn daran, von seiner Stärke Gebrauch zu machen. Versuche auszufinden, was er im Schilde führt. Fordere ihn heraus und lerne seine Stärke kennen. Indem wir beständig an verschiedenen Punkten Scheinangriffe machen, können wir beim Gegner das Gefühl erwecken, als seien wir gegen alle Angriffe vorbereitet und unbesiegbar. Hat man eine Schlacht durch eine gewisse Kriegslist gewonnen, dann wiederhole man diese nicht, sondern wähle eine andere, die sich den Umständen und Verhältnissen anpaßt. Und wie die Jahreszeiten kommen und gehen, die Tage kurz und lang sind, der Mond zu- und abnimmt, so gibt es auch im Kriege keine Beständigkeit, — ein ewiger Wechsel ist sein Schicksal.

VII. SCHLACHTENTAKTIK.

Das militärische Verfahren spielt sich zunächst wie folgt ab: Der kommandierende General erhält von seinem Landesfürsten den Befehl, zu rüsten. Daraufhin zieht er seine Truppen zusammen, versieht sich reichlich mit Waffen und Lebensmitteln und achtet namentlich darauf, daß unter seinen Leuten Eintracht herrscht. Dann zieht er ins Feld.

Die Schlachtentaktik ist der schwierigste Teil der Kriegführung. Diese Schwierigkeit besteht zumeist darin, daß man berechnen muß, Zeit, Stärke und Entfernung richtig abzuschätzen. Das Heer darf aber auch nicht unvorhergesehen von Mißgeschicken betroffen werden.

Kann man den Feind dazu bewegen, auf seinem Marsche einen Umweg zu machen, indem er so einen Vorteil zu erringen hofft, dann aber, indem man nach ihm aufbricht, vor ihm an Ort und Stelle eintrifft, — solch ein General ist ein wahrer Meister der Manövrierkunst.

Es ist kaum ratsam, die ganze Armee ins Feld zu schicken im Glauben, so einen Gegner zu übervorteilen. Denn möglicherweise dürften wir nicht Zeit genug haben, um unsern Zweck zu erreichen.

Eilmärsche sind auch nicht immer anzuraten: man weiß nämlich nie, wie viele Soldaten gesund und aktionsfähig an Ort und Stelle anlangen werden. In der Regel bleibt so mancher entkräftet zurück. Auch ist es schwierig, den Kriegsvorrat, Lebensmittel u. dergl. m. schnell genug zu befördern. Es kann sich also sehr leicht ein Unglück ereignen.

Genaue Kenntnis des Terrains ist eine große Hauptsache. Ist man dort ein Fremder, so muß man durchaus einen Führer annehmen, der die Gegend genau kennt. Vergiß nicht, deine Bewegungen geheim zu halten, und warte die günstige Gelegenheit ab.

Schnell wie der Wind sollte der Angriff sein, der Marsch aber ruhig, wie das Schweigen im Walde. Verteidigst du dich, dann stehe fest wie der Fels im Meere. Die Bewegungen sollten aber schnell wie der Blitz sein.

Trommel und Glocke kommen deshalb zur Verwendung, weil die menschliche Stimme nicht ausreicht, Befehle auf weitere Entfernungen zu geben. Die Flagge wird benutzt, um das Auge zu unterstützen.

Ist alles zum Angriffe bereit, so muß darauf geachtet werden, daß die Tapferen nicht allein in den ersten Reihen stehen, — die Feigen müssen mit den Braven zusammen die Schlacht aufnehmen. Auf diese Weise kann man sich alle Soldaten nützlich machen.

Findet der Kampf während der Nacht statt, so kommen Trommeln und Wachtfeuer in Anwendung. Der Geist der Truppen ist des Morgens am aufgewecktesten und lebhaftesten.

Um die Mittagsstunde herum macht sich gewöhnlich eine Mattigkeit und Müdigkeit merkbar, während man des Abends gerne untätig bleibt. Der kluge General wird also die Zeit, wenn die Lebensgeister am aufgewecktesten sind, — die Morgenstunde,— nicht dazu benutzen, um den Feind anzugreifen. Er wählt am liebsten die Mittagsstunden, wenn die Geister schlaff sind.

Greife nie einen Feind an, dessen Banner lustig im Winde wehen; greife ihn auch nicht an, wenn er sich auf einem hochgelegenen Terrain lagert oder solches im Rücken hat. Verfolge nie einen Gegner, der zu fliehen nur vorgibt. Umzingelst du ihn, so lasse ihm stets ein Schlupfloch, durch das er entkommen kann.

VIII. TRUPPENBEWEGUNGEN.

Soll der Kriegszug in einer Gebirgsgegend unternommen werden, so ist es am ratsamsten, das Lager auf einem hochgelegenen Terrain, das aber im Tale liegen muß, aufzuschlagen.

Müssen Flüsse überschritten werden, so halte dich, sobald du das andere Ufer erreicht hast, im Flußgebiet nicht länger als durchaus notwendig auf, — marschiere weiter. Überschreitet der Feind einen Fluß, dann gehe ihm nicht entgegen und greife ihn auch nicht an, solange er sich teilweise noch auf dem Wasser befindet; warte ab, bis wenigstens die Hälfte der Truppen herüber ist.

Marschige Gegenden verlasse so schnell als möglich. Ist ein Fluß oder Strom infolge von schweren Regengüssen angeschwollen, dann warte und kreuze ihn erst, nachdem sich das Wasser wieder verlaufen hat. Steilen und schwer zu passierenden Tälern halte dich fern, ebenso einem Gelände, das mit Dickicht und anderem Gestrüpp dicht bewachsen ist, ferner Sümpfen und Morästen, — versuche sie so schnell als möglich wieder im Rücken zu haben.

Stößt du auf dichte Waldungen oder auf ein Terrain, das mit hohem Rohr bewachsen ist, so durchsuche diese Gegend genau, da der Feind dort vielleicht im Hinterhalt liegen kann.

Angriff mit Kriegswagen

Ist der Gegner in deiner Nähe, verhält er sich aber ruhig, dann kannst du wohl mit Sicherheit darauf rechnen, daß er auf natürliche Verteidigungsmittel ein großes Vertrauen setzt. Lagert er aber auf einem offenen Gelände, so ist dies ein sicherer Beweis dafür, daß er recht kampflustig ist.

Es gibt stets Wege, die man vermeiden, Streitkräfte, die man nicht angreifen sollte, Festungen, die man nicht belagern darf, und Terrain, das zu benutzen man sich hüten muß. Lagere nie in einer marschigen Gegend. In Gebirgs- und waldigen Gegenden ist die Kriegslist wohl am besten angebracht.

Jeder Erfolg hängt natürlich von der Geschicklichkeit des Generals ab. Heerführer müssen sich hüten, in folgende gefährliche Fehler zu fallen: blinde Eile und waghalsige Tollkühnheit; eine aufbrausende Natur hat ebenfalls oft viel Unheil angerichtet. Achten sie diese Vorschriften nicht, so kann ihre Niederlage sehr leicht die Folge sein.

IX. TERRAIN.

In einem Feldzuge ist die Beschaffenheit des Terrains natürlich von allerhöchster Wichtigkeit. Dieses kann sehr verschiedenartig sein. Man hat ganz offenes Gelände, Terrain, das Hügel und Täler durchbrechen, Abgründe und Schluchten, Engpässe, dann aber auch Terrain, das nach allen Himmelsrichtungen hin sich bis in scheinbar endlose Entfernungen hinzieht und so eben wie ein See ist.

Erreicht man ein offenes Gelände, so sollte man dieses sofort besetzen, namentlich aber, wenn im Rücken ein Hochland sich erhebt. Engpässe besetze man unverzüglich; schon eine nicht allzu starke Truppenmacht kann ihre Einnahme ohne große Schwierigkeit unmöglich machen. Dasselbe gilt von Abhängen, — diese sollten stark besetzt werden. Sogar tüchtige Soldaten unter dem Kommando unfähiger Offiziere sind gewöhnlich die Ursache für allgemeine Schlaffheit. Anderseits sind wenig taugliche Soldaten, trotzdem sie von fähigen Offizieren befehligt werden, die Ursache für Niederlagen.

Schwache Generäle, deren Befehle ganz unbestimmt lauten und deren Verfügungen möglicherweise sich widersprechen, sind der Grund für große Verwirrung. Generäle, die des Feindes Stärke nicht abmessen können, die kleine Truppenteile großen entgegenwerfen, die in die Vorhut nicht auserlesene Soldaten hineinlegen, werden aller Wahrscheinlichkeit nach die Flucht ergreifen müssen.

Der gute General kümmert sich um seine Leute mit allen ihm zu Gebote stehenden Mitteln, — er ist ihnen so zugetan, als wären sie seine eigenen Kinder. Die Folge hiervon ist, daß sie ihm durch Dick und Dünn folgen, und in der Stunde des Todes sind sie insgesamt an seiner Seite.

Eine allzu große Pflege der Soldaten kann aber auch üble Folgen haben: sie kann Ungehorsam verursachen; ja, die Leute werden leicht dienstuntauglich. Sie gleichen dann verdorbenen Kindern, — man kann sie zu nichts mehr gebrauchen.

Der tüchtige General und Soldat, der dem Feinde entgegengesandt wird, — beide weichen nicht zurück. Ihr Wahlspruch sollte sein: „Kenne dich selbst! Kenne den Feind! Dann ist dir auch der Sieg gewiß!"

X. KRIEG IM NACHBARLANDE.

Eilfertigkeit und Aneiferung erhalten im Kriege in erster Linie den Mut der Soldaten aufrecht. Schlage zu, ehe der Gegner bereit ist, namentlich aber, wenn dies von einem ganz unerwarteten Viertel aus geschehen kann.

Wird der Krieg in einem fremden Lande geführt, so ist auch anzunehmen, daß die Soldaten Schulter an Schulter beieinander stehen und somit versuchen werden, eine Niederlage mit vereinten Kräften abzuwenden.

Plündere reiche Ebenen, so daß es den Truppen an guter Nahrung nicht fehlt. 'Sei auch um ihre Gesundheit recht besorgt, — ermüde sie nicht unnötigerweise, sondern „speichere" ihre Gesundheit auf, als wäre der Mann eine Vorratskammer für dieselbe.

Gibt es keinen Ort, wohin die Soldaten sich flüchten könnten, so werden sie auch ans Davonlaufen nicht denken, sondern dem Tode ruhig ins Auge schauen. Sieht der Soldat, daß der Tod der einzigste Ausweg ist, so strengt er seine Kräfte auch auf das äußerste an. Er kennt nicht Furcht, sobald er sich in eine Lage versetzt sieht, aus der nur die Verzweiflung ihn retten kann.

Verbiete den Truppen, die Zukunft durch Zeichen und Vorbedeutungen erraten zu wollen, solchen Dingen sollte man keinen Glauben schenken. Während des Feldzuges dürfen die Leute auch nicht Reichtümer erwerben, nicht etwa, weil Geld und Gold an und für sich ein Übel sind, doch könnten sie leicht in die Versuchung geraten, davon Mißbrauch zu machen. Des wahren Kriegers Los besteht in Gefahr, Beschwerden und Aufreibung.

In seinem Wesen sollte der Soldat der bekannten Schlange gleichen, die auf dem Riesenberge in großer Menge haust. Schlägst du das Reptil auf den Kopf, so wird es dich doch noch mit dem Schwanze peitschen. Schlägst du den Schwanz, dann wird es seinen Rachen öffnen und dich beißen wollen; schlägst du die Mitte, so werden Kopf und Schwanz sich vereinigen, um dir Schaden zuzufügen. Solche Soldaten gibt es aber auch!

Die erste Pflicht jedes Heerführers besteht darin, ruhig, gerecht und namentlich verschwiegen zu sein. Er sollte seine Pläne nicht einmal seinen Offizieren offenbaren. Jeder Wechsel in der Kriegsführung muß bis zum Augenblick seiner Ausführung ein tiefes Geheimnis sein. Wechselt der General häufig die Lage seines Lagers und schlägt er unerwartete Wege ein, so wird niemand seine Pläne erraten können.

Tsao – Huzy in vollem Panzer

Operieren die Truppen im Innern des Nachbarlandes, so ist dies besser, als wenn sie sich nur an den Grenzen aufhalten. Denn dort liegt die Gefahr nahe, daß sie, der Heimat nicht allzu fern, Heimweh bekommen und entlaufen. Im Innern des Landes kommt ihnen dagegen die Heimat nicht stark in den Sinn, und so ist auch keine Sehnsucht da, dort wieder zu sein.

Greift ein tüchtiger General einen starken Nachbarstaat an, so sollte es auch sein erstes sein, zu verhindern, daß der Feind seine Truppen zusammenzieht. Er jagt dem Gegner solche Furcht ein, daß andere Staaten es nicht wagen, mit dem Bedrängten ein Bündnis abzuschließen. Auch buhlt er nicht um die Gunst anderer Staaten, er hat volles Zuvertrauen auf sein eigenes Können und Wissen. Trotzdem achtet er den Gegner.

Ist Krieg erklärt, dann suche aus der Schwäche des Feindes sofort Vorteile zu ziehen. Betrage dich anfangs mit der Bescheidenheit und Sittsamkeit eines jungen Mädchens; zeigt dir der Gegner aber eine kleine Öffnung, dann springe auf ihn mit der Lebendigkeit eines Kaninchens, — er wird sich nicht verteidigen können.

Kriegsschiff mit flachem Boden

XI. ANGRIFF MITTELS FEUERS.

Um den Feind mittels Feuers anzugreifen, kann man mehrere Methoden anwenden. Die große Hauptsache hierbei ist, den günstigen Augenblick abzupassen; dann muß man aber auch hinreichendes Material zur Hand haben.

Recht trockene und windige Tage eignen sich am besten zum Angriff mittels Feuers. Die Entwicklung eines solchen Vorganges muß aber scharf beobachtet werden.

Ist es dir gelungen, das Lager des Feindes in Brand zu stecken, so werf dich auf ihn ohne allen Verzug. Siehst du aber, daß die Truppen sich im Lager ruhig verhalten, dann greife nicht an, sondern warte ab. Der Feuerherd ist dann kein gefährlicher.

Am Tage sich erhebender Wind, dauert zumeist lange an. Wird er aber des nachts geboren, so lebt er auch nur kurze Zeit. Diejenigen, die das Feuer im feindlichen Lager anlegen, müssen namentlich darauf achten, daß man es nicht leicht auslöschen kann.

Ein weiser Landesfürst wie auch ein kluger Heerführer sollten stets folgende Punkte im Auge behalten: kämpfe nie, ausgenommen, dein Staat befindet sich in wirklicher Gefahr. Lasse dich nur dann auf einen Krieg ein, wenn du glaubst, Vorteile daraus ziehen zu können. Ohne Aussicht auf Sieg setze das Leben deiner Soldaten nicht aufs Spiel. Rüste nie zum Kriege, weil dein Herz aus diesem oder jenem Grunde augenblicklich mit Ärger und Haß erfüllt ist; sie sind nicht von langer Dauer. Ziehst du dann im Kriege den kürzeren, so bedenke, daß ein Land, das einmal zu Boden geschlagen ist, sich nur schwer wieder aufrichten kann. Die Toten kannst du aber nicht wieder lebendig machen.

Der weise Landesfürst ist also sehr vorsichtig, der kluge General stets auf der Hut. Verhält es sich so mit diesen beiden, dann brauchst du auch nichts um das Land zu fürchten; sollte das Heer aber zur Schlacht gezwungen werden, so wird es auch gewiß als Sieger hervorgehen.

Angriff aus geduckter Stellung

XII. DIE VERWENDUNG VON SPIONEN.

Mit der Einberufung von hunderttausend Mann zu den Waffen sind bereits sehr große Kosten verbunden. Es ist daher etwas ganz Gewöhnliches, daß die Nachricht, das Land wolle Krieg führen, unter den Untertanen eine starke Mißstimmung hervorruft; diese müssen ja die Kosten tragen. Durch eine solche Einberufung werden nicht weniger als hunderttausend Gruppen in ihrem gewohnten Berufe zum Teil stark gestört.[3]

Man muß aber auch erwägen, daß die Truppen oft jahrelang im Feindesland sich aufhalten, — der Ausgang des ganzen Krieges kann aber schon von einem einzigen Tage abhängen.

Ist der Landesfürst ein guter Mensch, so wird er auch seinen Untertanen durch einen langen Feldzug das Geld nicht aus der Tasche ziehen. Um die Kosten möglichst klein zu gestalten, stellt er Spione an. Durch diese lernt er die feindliche Lage genau kennen.

Es liegt also im allergrößten Interesse des Fürsten und seines Generals, sich nach Möglichkeit über den Gegner zu orientieren. Diese Kenntnis erwirbt man sich aber nicht, indem man Dämonen und Götter anruft, auch nutzt es nur wenig, alte Erfahrungen zu Rate zu ziehen; nur Spione sind in der Lage, hierüber Näheres zu erfahren. Es gibt mehrere Arten von Spionen. Gebraucht man sie zusammen, dann kann niemand die Art und Weise, wie sie „arbeiten", ausfindig machen.

Am wichtigsten sind die als „Todesspione" bekannten Kundschafter, und zwar aus folgenden Gründen: Fand der Feind heraus, daß er von ihnen betrogen worden war, so wurden sie sofort enthauptet. Dem Namen nach standen sie im Dienste des Feindes, doch waren sie in Wirklichkeit angestellt vom Gegner, ohne daß der Feind ihn ursprünglich in seinen Dienst genommen hatte. Man gebrauchte diese Art von Spionen also zunächst dazu, um dem Gegner falsche Berichte über den Feind zu übermitteln, dann aber auch, um in den Reihen der feindlichen Soldaten falsche Nachrichten zu

---

3   Im alten China war die Bevölkerung für Militärzwecke in Gruppen von 8 Familien geteilt. Jede Gruppe stellte zur Kriegszeit einen Mann. Sie mußte auch darauf achten, daß es diesem an nichts fehlte, sie sorgte sogar für seine Familie. Hob man also 100 000 Mann aus, so wurden hierdurch 100 000 Gruppen in Mitleidenschaft gezogen.

verbreiten.

Spione sollten mit der größten Höflichkeit behandelt werden. Kommt es dann zur Austeilung von Belohnungen, so sollte der Landesfürst ihnen gegenüber Großmut walten lassen. Allerdings muß man sie auf das schärfste beobachten; denn es hält oft schwer, die Wahrheit aus ihnen herauszubekommen. Die Macht dieser Spione ist ganz erstaunlich. Für fast jede Gelegenheit kann man sie gebrauchen. Du mußt versuchen, die Spione des Feindes, die in dein Lager kommen, ausfindig zu machen. Biete ihnen hohe Summen an, die sie gewiß auch nehmen werden; mache sie dir auf jeden Fall dienstbar. Nur die geschicktesten Leute sollten als Spione verwendet werden. In jedem Heere ist der Spion ein notwendiges Erfordernis. Auf ihm ruhen zumeist alle Bewegungen des Heeres. Der Fürst handelt also nur gerecht, wenn er außer hohen Belohnungen in der Form von Geld ihn auch mit äußeren Ehren auszeichnet.

Hiermit enden die Aufzeichnungen Suntzu's. Sie sind hier nicht Wort für Wort wiedergegeben worden. Die „Aufzeichnungen" enthalten gar manches, was durchaus nicht mehr interessiert. Daher schien es ratsam, das Original an allen Stellen zu kürzen, wo von Verhältnissen die Rede ist, die selbst in die heutigen Zustände in China sich durchaus nicht mehr Hineinpassen lassen. Unseres Wissens ist dies auch der erste Versuch, die Aufzeichnungen Suntzu's in deutscher Sprache wiederzugeben.

WUTZU'S AUSSPRÜCHE.

1. Die Regierung eines Landes. 2. Abschätzung des Feindes 3. Die Überwachung der Armee. 4. Eigenschaften eines Generals. 5. Das Anpassen an die Gelegenheit.

I. DIE REGIERUNG EINES LANDES.

In jeder Staatsverwaltung kann es vier laute Mißklänge geben, nämlich: eine allgemeine Mißstimmung; ist dies der Fall, dann lasse dich nie auf einen Krieg ein. Sodann: eine Verstimmung im Heere; beziehe dann nie ein Lager. Ferner: Mißklänge im Lager selbst; dann wage nie anzugreifen. Schließlich: Mißklang in der Schlachtordnung; lasse es dann nie auf eine Entscheidung ankommen.

Kluge Landesfürsten sollten sich deshalb zunächst bemühen, unter ihren Untertanen die Eintracht herzustellen. Für einen Fürsten ist es auch nicht immer ratsam, auf die Worte seiner Ratgeber zu achten, — diese können leicht irren. Wissen die Untertanen, daß der Herrscher um ihr Wohl besorgt ist und ihren Tod auf das tiefste betrauert, dann stehen auch zu Zeiten der Gefahr die Truppen kampfbereit da. Im Tode auf dem Schlachtfelde suchen sie ihren Ruhm. Sollten sie aber sich vor dem Feinde zurückziehen und lebend heimkehren, dann würden sie es für eine große Schmach und Schande halten.

Es muß stets Zweck der Regierung eines Landes sein, Unternehmungen aller Art zu beschützen und den Staat vor jedem Anfall zu bewahren. Übe deshalb Rechtschaffenheit, alle deine Handlungen sollten Umsicht und Klugheit kennzeichnen, Güte und Wohlwollen werden das Volk günstig stimmen.

Einer Landesregierung, wie auch dem kommandierenden General, sollten stets eingeprägt werden: Schicklichkeit, Pflichtgefühl, Rechtschaffenheit, Selbstbeherrschung, Gesetzlichkeit, Edelsinn und Aufrichtigkeit. Der Sinn für Scham muß aber vor allem gefördert werden. Ist dieser den Truppen eigen, dann werden sie auch, falls stark genug, mit großer Entschlossenheit angreifen und, wenn schwächer, sich bis zum äußersten verteidigen.

Verfolgen wir die Geschichte, so werden wir finden, daß Nationen, die mehrere große Siege errungen haben, durch diesen scheinbaren Vorteil gar häufig ganz gebrechlich wurden, — ein Krebsgang ist zu verzeichnen. Andere Staaten, selbst wenn sie weniger siegreich waren, verarmten. Ein paar Siege reichten gewöhnlich schon aus, um ein Königreich zu gründen. Klein ist nur die Zahl derjenigen auf Erden, die, indem sie viele Siege errungen, zu großer Machtentfaltung gelangten. Aber gar viele haben durch zu großes Kriegsglück alles eingebüßt.

Die Ursachen, die zum Kriege führen, kann man zumeist auf folgendes zurückführen: Ehrgeiz des Landesfürsten; die Sucht, Vorteile zu ziehen; ein Übermaß von zeitweiligem Haß; innere Verwirrung; nationales Unglück, wie Dürren, Hungersnot und dergl. mehr.

Der Natur nach gibt es gerechte Kriege, dann solche, wo der Angreifende auf seine Stärke fußt; aber auch die Rache kann der Beweggrund sein; schließlich: ungerechte Feldzüge.

Ziehe die Klugen deines Landes heran und ermächtige sie, in die Regierung des Staates mit einzugreifen. Den Dummen gib aber ganz untergeordnete Stellungen. Tust du dies, so kannst du dich auch auf dein Heer verlassen.

Haben die Untertanen keine Sorgen, aber volles Vertrauen, sind sie ihren Vorgesetzten zugetan, dann hat auch das Land eine starke, wenngleich unsichtbare Verteidigungsmauer. In aller Herzen zieht ein Sicherheitsgefühl ein, Befürchtungen bleiben fern. Dort nur allein, wo die Bürger mit voller Zuversicht auf ihren Landesfürsten blicken und seine Fähigkeiten zu schätzen wissen, — nur dort kann auch in einem Staate jenes Glück zu Hause sein, das die einzige Quelle der Zufriedenheit unter den Untertanen bildet.

Lü-Mêng mit Schild

II. ABSCHÄTZUNG DES FEINDES.

Im Leben der Nationen kommt es oft vor, daß ein Land von mehreren seiner Nachbarstaaten auf einmal bedroht wird. Dann heißt es allerdings, recht wachsam sein. Hat der Landesfürst aber einen tüchtigen Heerführer, und sind seine Berater brauchbare Leute, so werden sie zumeist auch wohl finden, daß keiner dieser Staaten stark genug ist, um gefährlich zu werden, — alle haben ihre Schwächen.

So sind die Streitkräfte des einen Staates zwar bedeutend, aber es fehlt ihnen Zähigkeit und der Zusammenhalt. Die Truppen eines anderen Landes treiben sich zerstreut umher und würden im Kriegsfälle auf eigene Faust hin kämpfen. Die Verfassung der Armee eines anderen Staates ist zwar gut, doch könnte sie nicht lange aushalten. Noch anderer Länder Truppen dürften wohl in der Lage sein, sich gut zu verteidigen, doch fehlt es ihnen an Mut, Entschlossenheit und Verwegenheit, vorzugehen.

Die Landesregierung solcher Nachbarländer selbst läßt vielfach manches zu wünschen übrig. Dieser Staat mag reich sein, aber Starrsinn und Verstocktheit herrschen vor, der Fürst und seine Beamten sind stolz und ausschweifend, und um das gewöhnliche Volk kümmern sie sich nicht, Belohnungen und Ehren werden mit Parteilichkeit ausgeteilt.

In einem anderen Staate finden wir wieder, daß die Ansichten im Lager sehr geteilt sind, daß also Uneinigkeit vorherrscht, — es fehlt ihm an Festigkeit. Ein anderer Staat ist sehr groß. Aber gerade deshalb ist die Regierung schwach, sie kann ihre Beamten nur schlecht beaufsichtigen. Die Truppen sind zwar in guter Verfassung, doch fehlt ihnen die Ausdauer. Solch' ein Land zu unterjochen ist daher nicht schwer.

Noch andere Länder sind völlig friedliebend, die Regierung ist auch gerecht; sollte es jedoch zum Kriege kommen, so würden die Bürger Einspruch dagegen erheben: vergangene Erfahrung hat sie gelehrt, daß ein Krieg, selbst der erfolgreichste, im Grunde genommen, ein großes nationales Unglück ist. Die Truppen sind gut geschult, aber Generäle und Offiziere verachtet man, entweder weil sie unfähig oder ausschweifend sind. Da der Sold der Soldaten nur gering ist, so fehlt ihnen auch der Geist der Aufopferung. Von solchen Truppen darf man im Kriegsfälle nicht viel erwarten, der Gegner hat zumeist leichtes Spiel mit ihnen.

Greife den Feind an, der in der Strenge des Winters schon früh aufgebrochen ist und, obgleich ganz erstarrt, dem Unwetter doch die Stirn bietet. Aber auch einen Gegner, der in der glühenden Sommermorgenhitze den Marsch antritt, der vielleicht großen Durst und Hunger leidet, trotzdem einen bestimmten Ort zu erreichen sich bemüht, den darfst du auch angreifen. Hast du einen Feind vor dir, dessen Lager lange Zeit den Platz nicht gewechselt hat und der bei der Landbevölkerung Lebensmittel nicht mehr eintreiben kann, so ist er auch machtlos. Die Niederlage ist schon aus dem Grunde gewiß, weil die Leute das Vertrauen auf ihre Offiziere verloren haben.

Hat der Feind eine exponierte Stellung eingenommen, oder passiert er ein schwieriges Gelände, so greife ihn unverzagt an, namentlich aber, wenn das Lager noch nicht ganz aufgeschlagen oder die Schlachtordnung noch nicht geregelt ist. Unter diesen und ähnlichen Verhältnissen ist des Gegners Niederlage so gewiß, wie Ebbe und Flut wechseln, die Sterne auf und untergehen, der Himmel uns Sonnenschein und trübe Tage bringen muß.

Sehr großen Gebieten, deren Bevölkerung reich und zahlreich ist; Gegenden, in denen die Beamten den Bürgern wohlwollend entgegenkommen; wo Belohnungen in gerechter Weise ausgeteilt, die Schuldigen aber gerecht bestraft werden; Länder, die selbst stark sind und die im Notfälle stets Bundesgenossen heranziehen können, solchen Gegenden gehe aus dem Wege, falls du im Feindeslands operierst.

Des Gegners Niederlage ist bestimmt unter folgenden Verhältnissen: nähert er sich dir sorglos, sind seine Banner in Unordnung, ist auch die Marschordnung eine fehlerhafte, so wird ihn zweifellos eine Panik ergreifen, wenn du ihn angreifst.

Die Hauptsache bleibt aber immer, daß du den wahren Zustand des Feindes genau kennst, — schlage dann sofort auf seine schwachen Punkte los. Hat ein Feind einen langen Dauermarsch gemacht und sind seine Reihen noch nicht geordnet, so ist er leicht verwundbar. Macht er von dem Terrain, auf dem er lagert, nicht den richtigen Gebrauch, passiert er ein enges Gelände, so ist er machtlos und muß sich ergeben.

III. DIE ÜBERWACHUNG DER ARMEE.

In einem Feldzuge ist es von höchster Wichtigkeit, daß sich alles mit Leichtigkeit und Biegsamkeit fortbewege. Zu diesem Zwecke müssen die Wege gut sein, denn die Wagen dürfen nicht durch schlechte Straßen aufgehalten werden. Ist dies der Fall, dann ist schon viel gewonnen. Unparteilichkeit muß vorherrschen, Belohnungen sollten solchen zuteil werden, die es verdient haben, — so muntert man die Truppen noch mehr auf. Da die Disziplin im Heere der Sicherheitsanker ist, so müssen die Schuldigen rücksichtslos bestraft werden. Damit ein Heer aber Sieger bleibe, ist es durchaus notwendig, daß die Landesregierung eine gute sei. Die Gesetze müssen gerecht sein. Vor allem muß aber überall Ordnung vorherrschen. Ist dem so, so kann man die Einigkeit nicht zerstören, selbst wenn schwere Gefahren drohen. Wenn auf dem Marsche, müssen die Ruhestationen nach Möglichkeit eingehalten werden, — Menschen und Tiere darf man nicht erschöpfen. Alle diese Dinge muß ein guter General aufs gewissenhafteste überwachen. Aufschub ist aber sein größter Feind.

Unentschlossenheit bringt das Unglück zur Welt, von dem ein Heer befallen wird. Die Soldaten finden vielfach ihren Tod, weil ihnen jedes Verständnis, wie sie sich zu verhalten haben, abgeht. Beständige Übung ist daher ein Haupterfordernis. Greife den Feind, falls irgend möglich, auf kurze Entfernung an. Leute, die aus ein- und demselben Bezirke ihrer Heimat kommen, sollten in ein- und dieselbe Abteilung eingereiht werden, — so halten sie fester zusammen.

Wenn irgend möglich, vermeide auf dem Marsche „natürliche Öfen" (d. h. Eingänge zu großen Tälern), dann aber „Drachenköpfe" (Ausläufer von Gebirgen). Du mußt auch, wenn du in den Kampf ziehst, die Richtung des Windes studieren. Weht er dem Feinde entgegen, so folge mit deinen Truppen dem Winde. Herrscht aber ein Gegenwind, so ist es ratsam, deine Positionen noch zu verstärken. Warte ab, bis der Wind sich gelegt oder verändert hat.

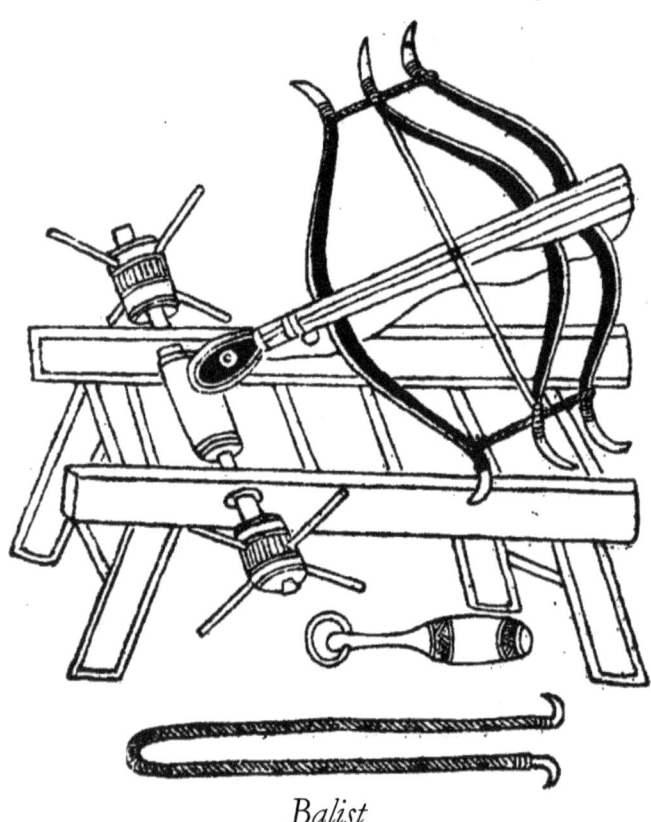

Balist

IV. EIGENSCHAFTEN EINES GENERALS.

Der Leiter einer Armee sollte nicht nur Meister der Kriegskunst, sondern auch ein guter Kenner der Literatur und Wissenschaften sein. Wer brav und unerschrocken, dabei aber auch um das Wohl seiner Leute besorgt ist, dem darf man eine Armee anvertrauen.

Mut und Beherztheit reichen bei einem General allein schon nicht aus. Allzu großes Vertrauen auf sich selbst erzeugt oft Sorglosigkeit und Unachtsamkeit. Hat der General übereilt gehandelt, so darf er, selbst wenn der Verlauf ein glücklicher war, sich dessen nicht rühmen, — man kann sich ja nie über den Ausgang sicher sein.

Entschlossenheit vor dem Feinde begräbt alle Gedanken, dieses Leben zu schonen. Selbst nach einem Siege muß man große Vorsicht walten lassen.

Zieht der General in die Schlacht, dann ist es auch seine heilige Pflicht, nicht zurückzukehren, bis er den Gegner geschlagen hat. In dem Tode auf dem Schlachtfelde sollte er seinen höchsten Ruhm suchen. Nie aber sollte er in die Heimat zurückkehren, ausgenommen als Sieger, der sein Land gerettet hat.

Der Wert eines Heeres, — und mag es auch Hunderttausende stark sein, hängt von einem einzigen Manne, dem Höchstkommandierenden ab. Dies ist die Folge des Einflusses des Verständnisses und Begriffsvermögens.

Zieht man ins Feld, so besteht das große Geheimnis darin, zu wissen, was die Fähigkeiten des feindlichen Heerführers sind. Ist er ein beschränkter Kopf und traut er sorglos der Zukunft, so kann man ihn durch List nicht schwer in eine Falle ziehen. Ist er habsüchtig und gibt er nichts um seinen guten Namen, so kann man ihn leicht bestechen. Sind die höheren Offiziere reich und stolz, die ihnen untergebenen aber arm, Hab- und rachsüchtig, dann sollten Spione diese gegen die Höherstehenden aufwiegeln. Unter solchen Verhältnissen ist es nicht schwer, den Gegner kampfunfähig zu machen und so den Feldzug zu einem glücklichen Abschluß zu bringen.

V. DAS ANPASSEN AN DIE GELEGENHEIT.

Im Kriege kommt es oft vor, daß die sich feindlich gegenüberstehenden Heere der Zahl nach ungleichmäßig sind, dann gilt als Hauptregel, dem Gegner auf einem großen und offenen Gelände stets aus dem Wege zu gehen. Ist das Terrain beschränkt, dann darfst du es wohl wagen, ihm zu begegnen. Schon kleine Truppenmassen können Pässe, Schluchten und Talkessel leicht verteidigen. Stehen dir aber bedeutende Heerscharen zur Verfügung, dann suche Ebenen auf, im entgegengesetzten Falle aber enges Gelände.

Erscheint eine kleine Truppenmacht in einem solchen Gelände unerwartet, so wird selbst einem starken Feinde, der sich diesem Gegner gegenüberstehen sieht, große Furcht eingejagt werden, sobald er Trommeln und Gongs laut rühren hört. Vielleicht zieht er sich sogar schnell zurück.

Nun kann es auch Vorkommen, daß du unverhofft im Tale von geringem Umfange auf den Gegner stößt. Das Terrain ist überhaupt gebirgig; des Feindes Truppenmacht ist groß, während du selbst nicht allzu stark bist. In diesem Falle rühre die Trommel zuerst und greife an, zaudere nicht! Sende ihm deine Kerntruppen entgegen. Da große Truppenmassen in solch' einem Gelände nutzlos sind, so ist auch anzunehmen, daß der Feind eine abwartende Haltung einnehmen wird, er kennt deine Stärke ja nicht.

Wên-Chou in vollem Panzer

Du selbst mußt aber vorgeben, als bereitest du alles zum Angriff vor; dies ist natürlich nur ein Scheinmanöver, denn in Wirklichkeit ziehen sich deine Truppen so unbemerkt wie möglich durch den Paß zurück in das dahinter liegende offene Gelände, dort schlägst du das Lager auf. Der Feind wird so aber getäuscht, er befürchtet wohl selbst einen Angriff, daß er deinem Rückzuge weiter keine Aufmerksamkeit schenkt.

Durch solch' eine Kriegslist rettest du deine Leute vor dem Tode und Verderben. Dir ist aber damit die Gelegenheit geboten, vielleicht schon bei der nächsten Gelegenheit, deine Truppen ehrenvoll aus Schlacht und Kampf hervorgehen zu sehen.

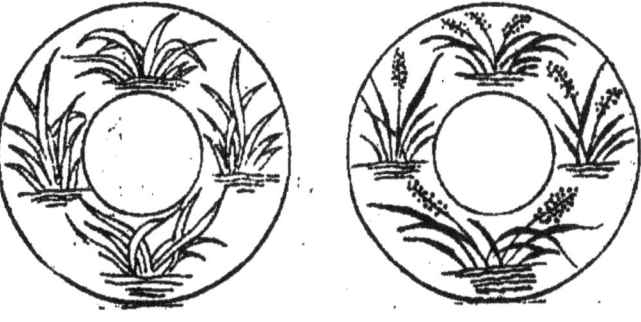

(NACHWORT.)

Damit enden Wutzu's „Aussprüche". Als literarische Schöpfung können sie sich keineswegs mit den „Aufzeichnungen" Suntzu's messen, ganz abgesehen davon, daß sie bei weitem nicht so umfangreich sind.

Als erfolgreicher Heerführer war Wutzu's Ruhm weit über die Grenzen jenes Staates bekannt, in welchem er die meiste Zeit seines Lebens verbrachte. Es war dies der Staat Wei. Wie es heißt, gewann er für den regierenden Fürsten über sechzig Siege in Kriegen, die gegen Nachbarstaaten geführt wurden.

Hierdurch wurden die Landesgrenzen des Staates Wei ganz bedeutend erweitert.

Wie bereits eingangs bemerkt, war dieser General im gewöhnlichen Leben gerade kein moralisch hochstehender Mensch. Um nur ein paar Beispiele anzuführen: So tötete er zwei seiner Frauen einfach aus dem Grunde, weil sie in einem Staate geboren waren, mit dem der Fürst, in dessen Diensten er stand, Krieg führte. Wutzu befürchtete nämlich, daß sein Heer ihn verdächtigen könnte, er nehme im geheimen Partei mit den Fürsten dieser Länder.

Was aber, wenigstens in den Augen der Chinesen, Wutzu moralisch so niedrig stellte, war die Tatsache, daß er am Sterbe- und Totenbette seiner Mutter nicht zugegen war, obgleich ihn nichts daran hinderte. Solch eine Handlung halten die Chinesen für eine Todsünde, die durch nichts gesühnt werden kann.

Kampfwagen

ALTCHINESISCHE KRIEGSGESÄNGE.

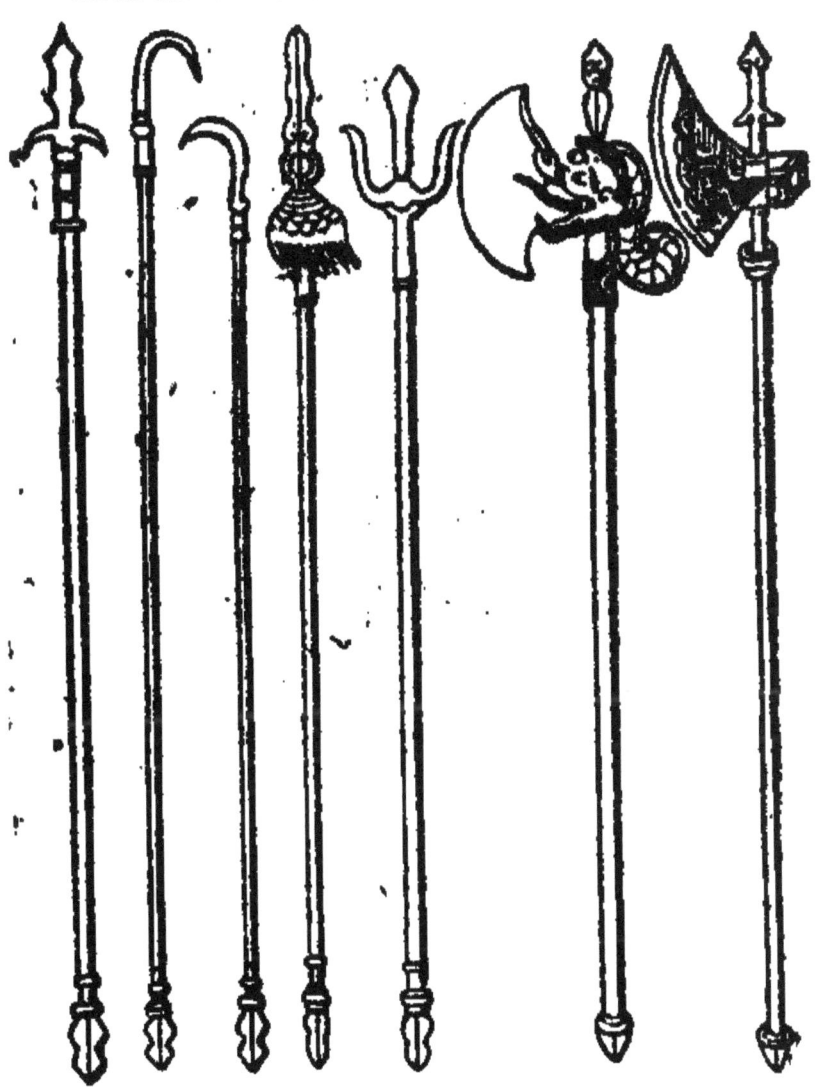

Reihenschießen mit Armbrust (einer nach dem andern)

Zu den ältesten, uns überlieferten Kriegsliedern gehören die des Chinesenvolkes. Sie sind uns in dem „Schiking", dem sogenannten „Buch der Lieder", erhalten worden. Ihr Durchschnittsalter darf man auf fast 3000 Jahre schätzen. Ähnliche Sammlungen, etwa gleichen Alters und Ansehens, haben wir nur noch in den Psalmen der Hebräer und dem Rigvéda der Inder.[4]

Wenn die Chinesen der Gegenwart alles andere, nur nicht kriegerisch gesinnt sind, so war das in den alten Zeiten anders. Fast beständig kam es zu Waffengängen, wenn nicht mit den Nachbarstaaten, dann doch mit den wilden Stämmen und Horden, die das Reich vom Norden und Süden her zu belästigen versuchten. Da ist es denn auch nur natürlich, daß diese Feldzüge zu Liedern den Anlaß gaben, die namentlich am Hofe bei festlichen Gelegenheiten gesungen wurden.

Wenn in jenen alten Zeiten dann die Kriegsmacht ausgestellt wurde, so wurden die Führer aller Grade sowie die Wagenkämpfer — geritten wurde überhaupt nicht — aus dem Stande der Gebildeten genommen. Denn ein Unterschied — wie er zurzeit in China besteht — zwischen Zivil- und Militärbeamten fand nicht statt. Das zahlreiche Fußvolk wurde durch das Aufgebot der kriegsfähigen ansässigen Bevölkerung ausgebracht. Da diese dann plötzlich aus ihrem geordneten Leben, aus ihren Erwerbs- und Familienverhältnissen herausgerissen wurde, erklärt es sich, daß wir in den „Kriegsliedern" so häufig Klagen über die Beschwerden und Entbehrungen bei den Feldzügen, über die gestörten häuslichen Verhältnisse, über das vergebliche Sehnen nach der Heimat, begegnen.

Die Männer gingen also ungern in den Krieg und gestanden das offen. Die Schlachten selbst und glänzende Siege riefen aber auch wieder eine kriegerische Begeisterung hervor, wie mehrere der folgenden Lieder bezeugen. Die feste Zuversicht auf das Fortleben nach dem Tode, auf die auch dann noch bestehende Verbindung mit den Heimgelassenen, konnte nur unerschrockene und todesmutige Kämpfer machen. Das Heerwesen war jedenfalls für Kriegsfälle sehr gut geordnet. Waffen aller Art, Streitwagen, Feldzeichen und sonstiges Kriegsgerät mußte in den Zeughäusern vorrätig und im guten Stande sein. Viermal im Jahre, und zwar in der Mitte jeder Jahreszeit, fanden Waffen und größere Feldübungen statt.

In Verbindung mit dem „Buch vom Kriege" dürfte es von Interesse sein, aus den vielen, auf Kriege bezüglichen Liedern, die das „Schiking" enthält,

---

4   Die im „Schiking" enthaltenen Lieder, etwa 300 an der Zahl, sind gegen Ende des 5. Jahrhunderts v. Chr. durch den großen chinesischen Weisen Kung Fu Tse, den die Missionare als Konfucius verlateint haben, gesammelt und abgeschlossen worden.

eine kleine Auslese zu machen. Die beste Übersetzung, die wir haben, ist die von Victor von Strautz herausgegebene.[5] Sie ist möglichst sinn- und wortgetreu; auch zeigt sie eine möglichst angeähnlichte Nachbildung der fremden Form.

Folgende Auswahl weist allerdings an manchen Stellen Abweichungen von der oben genannten Übersetzung auf, — mehrere Gründe schienen uns dafür zu sprechen, — doch ist der Inhalt und das Formgewand dadurch nur wenig merklich berührt worden. Hoffentlich entsprechen sie ihrem Sonderzwecke, und ist dieser erreicht, so dürften diese Dichtungen an dieser Stelle auch ganz ihren Zweck erfüllt haben. B. N.

KRIEGERS LOS.

Welch' Kraut ist hier nicht gelbgebrannt?[6]
Und welchen Tag wird nicht gerannt?
Und welcher Mann ist nicht entsandt
Zu Dienst und Müh'n in allem Land?

Welch' Kraut ist hier, das nicht geschwärzt?
Und welcher Mann, den nicht was schmerzt?
O weh' uns ausgesandten Leuten,
Sind wir vom Volk nur ausgemerzt?

Nicht zahmes und nicht wildes Tier,
Durchzieh'n wir wüste Steppen hier.
O weh' uns ausgesandten Leuten,
Von früh bis spät nicht rasten wir!

---

5 „Schiking“, das Kanonische Liederbuch der Chinesen. Übersetzt und erklärt von Victor von Strautz, Heidelberg. Carl Winters Universitäts-Buchhandlung.

6 Nämlich: infolge der Verwüstung durch den Krieg

SIEGESLIED

Dreitausend waren seiner Wagen,
Sein Heer bewährt im Widerstand.
Die Truppen führte Fangschu's Hand;
Und dort auf frischen Ackerlagen
Fuhr er mit seinem Schimmelspann,[7]
Des Wagens Rot den Rang zeigt an.
Samt Schirmwand, Fischhautköcher blank
Und Brustgespäng' und Zaumbehang.

Dreitausend waren seiner Wagen,
Kriegsbanner flatterten darein,[8]
Lochschmuck und Nebenband ließ fein[9]
Dort auf den neuen Ackerlagen.
Hell klirrten acht Zaunglöckelein, —
Fungschu trug hohes Amtsgewand, —
Der Scharlachschurz gab Glanz und Schein,
So fand er nirgends Widerstand.[10]

Dreitausend waren seiner Wagen;
Mit Cymbelschlägern, Trommelklängen
Stellt' er die Scharen, lenkt' er Mengen
Auf frischgebroch'nen Ackerlagen.
So hoch Fangschu auch war an Jahren,
So kühn doch sein' Entwürfe waren.
Der Trommelschlag klang dumpf und bang, —

---

7   Die vier Rosse, mit denen man zumeist fuhr, wurden nebeneinander gespannt, — die beiden inneren an die Deichsel, während die beiden äußeren, mit etwas kürzeren Strängen, freier liefen. Die Zügel dieser gingen durch Gleitringe, die an den Brustspangen der Deichselrosse befestigt waren. Rot war die Farbe der Tscheu-Dynastie, zeigt also den Rang an: ein königliches Gespann.

8   Im Original heißt es: „Die Drachenbanner und die Schlangen- sowie Schildkrötenbanner flatterten

9   Das Band an den Radnaben war eine Verzierung von rotem Leder.

10   Fangschu, der Anführer gegen die Barbarenstämme im Süden des Reichs, zog im Jahre 825 v Chr. gegen diese aus. Das Lied ist darnach über 2700 Jahre alt.

Heim zog das Heer mit munterm Klang[11]

Dreitausend waren seiner Wagen;
Lang währte die Entscheidungsschlacht,
Doch wich der Feind der Übermacht
Ans blutgetränkten Ackerlagen.
Er züchtigte die wilden Scharen,
Frech war der Frevler feind' Gebaren.[12]
Wie Wolkenkrach und Donnerklang
Erklinge drum der Siegessang!

---

11   Dumpf und tief war der Trommelklang bei der Schlacht; munter und hellklingend bei der siegreichen Heimkehr.
12   Die Frevler sind die der Folter zu unterwerfenden Häuptlinge der Besiegten.

LOBLIED DER KRIEGER NACH DEM FELDZUGE.

Unsre Äxte sind zerbrochen,
Unsre Beile sind zerfetzt;
Königs Mitleid für uns Leute
Zeigt sich über allem jetzt.

Unsre Äxte sind zerbrochen,
Unsre Meißeln[13] sind zerkracht;
Königs Mitleid für uns Leute
Zeigt sich jetzt in voller Pracht.

Unsre Äxte sind zerbrochen,
Unsre Keulen sind zerschellt;
Königs Mitleid für uns Leute
Ist das Herrlichste der Welt!

Charg-Pas

---

13   Die „Meißel" war eine sehr alte und einfache Waffe. Das Lied fällt in die Jahre 1122—1114 v. Chr.

FELDZUGSLIED.

O ging's erst heim, o ging's erst heim!
Doch wohl ein Jahr ist dann verflossen,
Und Ruh und Rast sind ausgeschlossen
Dieweil die Hunnen[14] sich ergossen;
Wann geht es heim, wann geht es heim?

O ging's erst heim, o ging's erst heim!
Leidvolle Herzen brennen hier,
Bald hungern und bald dürsten wir,
Das Heimweh, es verzehrt uns schier;
Wann geht es heim, wann geht es heim?

O ging's erst heim, o ging's erst heim!
Doch Königsdienst will keine Trägen,
Wir dürfen nicht der Ruhe pflegen,
Fort geht's auf unwegsamen Wegen.
Wann geht es heim, wann geht es heim?[15]

Doch was fährt auf der Straße da?
Das ist des Heeresfürsten Wagen!
Nun heißt es, ruhmreich sich zu schlagen,
Und sieh! Den Sieg davon wir tragen!
Und stolz auf uns der König sah!

Und dreimal siegreich war die Schlacht!
Wen gab's da, der nicht kampferhitzt?
Auf uns der Heeresfürst sich stützt,
Der Krieger ist's, der's Land beschützt!

---

14   Die Hunnen, damals unter dem Namen „Hiungnu" bekannt, beunruhigten zu Ende des 10. Jahrhunderts v. Chr. den Norden des Reichs. In diese Zeit fällt auch die Entstehung dieses Liedes.

15   Bis zu Ende dieser Strophe ist der oberste Feldherr noch nicht bei den Kriegern, — daher die gedrückte Stimmung, die sich bei seinem Erscheinen (in der vierten Strophe) in Siegesgewißheit verwandelt.

Wir sind des Reiches starke Wacht!

Jetzt, da wir wieder heimwärts gehn
Sind Durst und Hunger nicht zu meiden,
Der Marsch ist weit und nicht zu neiden,
Und keiner weiß von unsern Leiden.
Was machts? Das Heim wir wieder sehn![16]

---

16   Während eines Kriegszuges im fremden Lande durfte der Soldat mit den heim gelassenen Familien keine Verbindung aufrecht erhalten, selbst um sich nur nach ihrem Ergehen zu erkundigen.

KRIEGERS EMPFANG IM EIGENEN HEIM.[17]

Des Königs Dienst will kein Versäumen!
Im zehnten Mond sind Mond und Sonnen,[18]
Und unsre Tage geh'n und geh'n-
Der Frauen Herz hält Gram umsponnen,
O wär' des Krieges Zeit verronnen!

Des Königs Dienst will kein Versäumen!
Ob Kraut und Baum sich grün verbrämen, —
Es bricht das Herz vor Weh und Leid,
Die Frauenherzen sind voll Grämen.
O, daß die Krieger wiederkämen!

Des Königs Dienst will kein Versäumen!
Noch sind die Krieger fern geblieben,
Und unsre Eltern leiden Pein.
Ist's, weil die Hengste abgetrieben?
Die Sandelwagen sind zerrieben?[19]

Des Königs Dienst will kein Versäumen!
Doch heimgekehrt sind nicht die Krieger,
Und größer werden unsre Schmerzen.
Und doch, — sieh da! Es nah'n die Sieger!
An unsern Herzen ruh'n die Krieger!

---

17   Es wird angenommen, die Frauen hätten die heimkehrenden Krieger mit diesem Liede begrüßt, das die Sehnsucht nach deren Rückkehr schildert.

18   Die Frauen fürchten, der zehnte Mond würde die Männer noch im Felde finden.

19   Die Frauen meinen, die Krieger seien sicherlich im Anzuge, und nur deshalb noch nicht eingetroffen, weil die Pferde und Wagen (aus Sandelholz) von dem Feldzuge so viel gelitten haben.

Lü-Pu, jugendlicher Krieger

SIEGREICHER FELDZUG.

Zum Kriege ging's mit heißem Drang,
Streitwagen waren all im Stande,
Manch' Spann von Hengsten stampft' und sprang,
Gepackt war Rüstung samt Gewände,
Die Feinde waren wild entbrannt,
Und wir drum in der Eile Brande.
Ins Feld der König schickt das Heer,
Um zu befreien seine Lande.[20]

Die Rappen waren all gleich stark,[21]
Mit stolz erhabnem Haupt sie gingen.
Das Kriegsgerät der Wagen barg,
Um große Taten zu vollbringen.
Die weißen Bänder wallten lang,[22]
Man tat den Dienst mit tapfrer Hand;

---

20   Dieses Lied fällt ebenfalls in die erste Regierungszeit Sin An's; sein Feldherr
war Kifu.

21   Es wurden immer vier Pferde von gleicher Tüchtigkeit zusammengespannt.

22   Es sind die weißen Bänder, die an den Bannern herabflattern, gemeint.

Die Wagen öffneten den Gang,
Um zu befrei'n des Königs Land.

War unser Marsch auch lang und weit, —
Geschlagen ist des Nordens Feind.
Die Krieger sind voll Fröhlichkeit,
Es hatte Kifu sie vereint.
Ob Krieg, ob Frieden in dem Land:
Ein Vorbild ist für jedermann
Kifu's gewandte Kriegershand, —
Drum ehrt ihn auch ein rot' Gespann.[23]

---

23   Ein Kriegswagen, dessen Rosse rotes Geschirr hatten, besten Räder auch rot angestrichen waren, galt als eine sehr hohe königliche Auszeichnung.

WAFFENBRÜDERSCHAFT.

Wer sagt, du hättest kein Gewand?
Die Kleider mein, sie sind auch dein!
Der König setzt das Heer in Stand,
Ich sorg' für Spieß' und Lanzen fein, —
Du sollst mein Waffenbruder sein!

Wer sagt, du hättest kein Gewand?
Die Kleider mein, die teilen wir!
Der König setzt das Heer in Stand,
Ich sorg' für Spieß' und Speere hier,
Und breche auf vereint mit dir!

Wer sagt, du hättest kein Gewand?
Mit dir teil ich mein Waffenkleid.
Der König setzt das Heer in Stand,
Mach' Wehr und Waffen schon bereit,
Und zieh mit dir hinaus zum Streit!

KRIEGSHELDENS GEMAHLIN.

Ich denk' an meinen hohen Herrn!
Sein Kriegeswagen, welch' Gepränge!
Am Deichselbaume Schmuckgehänge,
Am Vorbrett goldberingte Stränge,
Das Tigerfell, der Glöckchen Klänge.
Ins tiefste Herz greift mir's hinein,
Daß jetzt ein Bretterhaus nur sein.[24]

Ich denk' an meinen hohen Herrn!
Vier Hengste gehn in stolzer Pracht,
Sechs Zügel sind zur Hand gebracht.
Sahst je du Apfelschimmel wilder?
Am Wagen vorn die Drachenbilder.
O, wie gedenk ich sein so sehr;
Wann kommt die Zeit der Wiederkehr?

Ich denk' an meinen hohen Herrn!
Die Ross' im Panzer, gleich an Kraft,
Des Dreizackspeeres goldner Schaft,
Der stolze Tigerschrein am Bug,
Der seine beiden Bogen trug.
Sein Tugendruhm wird stets bestehn.
Beim Aufsteh'n und beim Schlafengehn
Denk' ich an meinen hohen Herrn!

---

24   Die Verse zwei bis fünf jeder Strophe dieses Liedes schildern die kriegerische Ausrüstung des Gemahls bei seinem Auszuge, wie er der Sängerin stets vor Augen schwebt; in den letzten geht sie dann in raschem Sprung auf ihre gegenwärtigen Empfindungen über.